AF452098

LE CLUB DES BONNES-GENS,

OU

LE CURÉ FRANÇAIS,

FOLIE EN VERS ET EN DEUX ACTES;

MÊLÉE DE VAUDEVILLES ET D'AIRS NOUVEAUX.

Représentée pour la première fois à Paris, au théâtre de Monsieur, le 24 Septembre 1791.

PAR LE COUSIN-JACQUES.

„Tout c' qui ramèn' la paix, n'a pas besoin d'excuse."
Club des Bonnes-Gens, Scène dernière.

A PARIS,

Et se trouve A BRUXELLES,

Chez J. L. DE BOUBERS, Imprimeur-Libraire.

1792.

PERSONNAGES.

LE CURÉ du village.   *M. Valière.*

THOMAS, riche Meûnier du village. *M. Juliet.*

Dame BLAISE, riche Fermière.   *Mme. Verteüil.*

ALAIN, fils de Dame BLAISE.   *M. Gavaux.*

ÉLISE, Amante d'ALAIN, & fille de

THOMAS.   *Mme. Le Sage.*

NIGAUDINET, Jardinier du Curé. *M. Le Sage.*

NANETTE, Gouvernante du Curé, &

Amante de Nigaudinet.   *Mlle Dumont.*

Le premier PAYSAN du Club du Curé. *M. Prévost.*

Le Second PAYSAN du Club du Curé. *M. Lécuyer.*

Les quatre autres PAYSANS du Club du Curé.   { *M. Marcel.* *M. Le Breton.* *M. Le Jeune.* *M. Le Net.*

Le premier PAYSAN du Club de Thomas. *M. Garnier.*

Une vieille grand'mère du Club de

Thomas.   *Mlle Théodore.*

Une petite fille du Club de Thomas.   *Mlle Lizarde.*

Hommes, femmes & enfans du Club de Thomas.

Messieurs & Mesdames chantans dans les Chœurs.

La Scène se passe dans un fort Village de Picardie.

Nota. L'ouverture, l'accompagnement & plusieurs airs, sont de M. Gavaux, premier Amoureux du Théâtre de Monsieur. Les seize autres airs nouveaux sont de l'Auteur de la pièce.

LE CLUB DES BONNES-GENS,

O U

LE CURÉ FRANÇAIS.

ACTE PREMIER.

Le théâtre repréfente deux jardins contigus, féparés par un mur mitoyen. Dans le jardin à gauche, côté de la Reine, eſt un ber- ceau de feuillage adoſſé à la couliſſe, ſous lequel berceau eſt aſſis le Curé, d'un air rêveur, tenant des journaux ; dans le même jar- din, contre le mur mitoyen, vis-à-vis le berceau, eſt une double échelle de Jardinier, ſur laquelle eſt monté Nigaudinet, taillant des arbres ; au fond, à la porte de la maiſon du Curé, eſt Na- nette, aſſiſe ſur un banc, filant au rouet. Dans l'autre jardin, eſt un berceau de fleurs ſous lequel eſt aſſiſe Eliſe brodant un gilet. Au fond de ce jardin, eſt un moulin à eau, dont on voit la roue baignée dans un étang ; à la fenêtre du moulin qui eſt très-élevée, on voit le Meûnier Thomas, avec un gilet blanc, un bonnet blanc, & une figure bourgeonnée, vider ſeul une bouteille de vin, & regar- der ſa fille de tems en tems.

SCENE PREMIERE.

LE CURÉ, NIGAUDINET, NANETTE, THOMAS, ÉLISE.

NIGAUDINET, *ſur l'échelle.*

IL imite le ſon des cloches. Din, don, din, don, da ri do don ; din, don da ri do don... Bim, bom ; bim, bom... (*Il s'arrête tout court.*)

Nº. 1. Air: (Duo du Couſin-Jacques.)

V'LA pourtant comme on carillonnera
Quand j'épous'rai Mam'sel Nanette ;
V'la pourtant comme on carillonnera,
Quand j'épous'erais Nanette que v'là
Là.

ÉLISE, *triſtement.*
Qu'ils ſont heureux dans cette maiſon là !

Toujours chantant la chanfonnette !
Moi, je fens bien que ma gaîté s'en va ;
Depuis qu'amour a pénétré-là,
(Elle montre fon cœur.)
Là !

NIGAUDINET, *dans l'autre jardin.*

C'eft auffi comme on carillonnera,
Quand all' s'ra mer', Mam'zelle Nanette ;
C'eft auffi comme on carillonnera,
Quand all' s'ra mer', Nanette que v'là
Là.

ÉLISE, *triftement.*

Il eft bien fûr qu'on la lui donnera.
Sa chère amante, la Nanette !
Et moi, je fais qu'on me refufera
Ce cher Alain, toujours gravé-là.
Là !

NIGAUDINET.

Monfieu' l'Curé que voilà
Su' c'banc-là,
Confirm'ra
C'te union-là,
Baptis'ra
C't enfant-là,
Qui naîtra
De c'nœud-là ;
Qui pouss'ra,
Qui viendra,
Grandira,
Qui jouera,
Qui rira,
Qui Chant'ra,
Qui dans'ra,
Qui faut'ra,
Qui m'aim'ra ;
M'embrass'ra,
M'carress'ra ;
Qui m'aid'ra,
Travaill'ra,
M'soulag'ra,
M'confol'ra.....

Il danse sur fon échelle.

Ah !
Je r'fens déjà   } Bis.
C'bonheur-là.

Il fait filence un inftant.   (fans chanter.)
De s'figurer c'carillon-là,
Ça fait plaifir à l'oreill' d'un papa.
(Il recommence.)
Bim, bom.....

EN DUO.

Il reprend l'air.	**ÉLISE**, *dans l'autre jardin.*
V'là pourtant comme on, &c.	Qu'ils font heureux dans cette, &c.....

NIGAUDINET, *riant bêtement.*

C'eſt après la moiſſon qu'all' deviendra ma femme,
C'te Nanette q'jaimons..., là... du fin ſond d'mon
    ame... *Il la regarde.*
Alle eſt là qui n'dit rien; mais n'en pens'pas moins...

NANETTE, *filant toujours.*

    J'avons, ma foi, ben d'autres ſoins,
    Que c'ti'là d'ſonger au mariage;
Oh! dans c'te paroiſs' ci gnia trop de r'muménage;
Ces gens qui s'diſputont, qui feſont deux partis,
A Monſieu' not Curé donnont d'la tablature;
Les valets partageont l'tourment que l'maît' endure,
    Quand les valets ſont des am's!

LE CURÉ, *diſtrait par leur converſation.*

De ces deux braves gens l'amitié me conſole
Du chagrin que me font les autres villageois;
Du ton du jour, au moins, l'attrait faux & frivole
De la nature en eux n'étouffe point la voix;
    Et la bienfaiſance eſt l'école
Où mon cœur leur apprend à connoître leurs droits.

ÉLISE.

Alain m'étoit promis; & l'aveu de ſa mère,
Garantiſſoit pour nous un heureux avenir!
    Dans ce jardin, cent fois, mon père
    A vu nos jeux avec plaiſir!....

LE CURÉ.

Cet Alain, cette Eliſe, élevés par moi-même,
Dont je formai l'eſprit avec un ſoin extrême,
Devoient dans peu s'unir par les nœuds de l'himen;
Des ſentimens divers, partageant leurs familles,
Ont rompu nos projets du ſoir au lendemain!

NIGAUDINET.

C'eſt ſingulier qu'l'amour des garçons pour les filles,
Soit obligé d'ſouffrir des affaires d'l'tat!
Du d'puis q'nos payſans, dans l'bieau milieu d'la rue,
    Politiquont z-à perte d'vue,
Gnia pus d'bonheur ici; c'eſt toujours queuq' débat;
    C'eſt d'l'arnicroche, d'la brouill'rie;
Moi, j'crains qu'au premier jour ça n'faſſe d'la tuerie,
Ca n's'roit pas régalant, dà....

NANETTE.

    Tu n'vois pas nigaud,
Q'ç'eſt parc'qu'on dit com'ça qu'i' faut

Q'les villageois soyont des gens inftruits, capables,

NIGAUDINET.

Ça les empéch' ti' d'et' raifonnables
Ça ?

NANETTE.

Dam', vois tu ? c'eft parc' qu'on dit com'ça
Qu'il eft temps q'tout chacun s'éclaire...

NIGAUDINET.

Eh ben, moi, je n'dis pas l'contraire ;
J'dis feul'ment q'tant d'lumiere q'ça,
Ça m'ébloït, & ça m'donn' la barluë,
Tant qu'a force d'y voir, j'craignons d'perdre la vûe.

NANETTE.

Tu veux faire l'gog'nard ; d'mande à Monfieu' l'Curé ;
I'l'dira s'i' n' faut pas q'tout l'mond' foit éclairé...

LE CURÉ, *fortant du berceau.*

Éclairé ; oui... mais non pas égaré.

N°. 2. Air (de M. Gaveaux.)

La vertu feule eft la lumière
Qui s'accorde avec la raifon ;
Q'importe que l'efprit s'éclaire,
Si le cœur eft fenfible & bon ?
C'eft l'éclat de la bienfaifance
Qui doit toujours frapper nos yeux ;
Le plus aveugle de la France
Eft clairvoyant, s'il eft heureux ! *bis.*

Second couplet.

Il n'eft aucun pays du monde
Où l'efprit faffe le bonheur.
On brille dans la nuit profonde,
Si l'on garde la paix du cœur.
Dieu, plaçant l'homme fur la terre,
Lui donnant un cœur vertueux,
Ne lui dit pas : « je vous éclaire ;
Mais il lui dit : foyez heureux ! « *bis.*

Il rentre fous le berceau & lit.

ÉLISE, *à part.*

Ce pafteur fut pour nous un père fage & tendre ;
Toujours par fes confeils il ramène au devoir ;
Si mon père aujourd'hui me défend de le voir,
Du moins j'ai quelquefois le bonheur de l'entendre.

THOMAS, *appellant de fa fenêtre.*

Élife ; allons, viens ça ; t'es toujours dans c'jardin
A pleur' nicher comme eun' Magd'leine.
Pour un amant d'pardu, voir'ment, c'n'eft pas la peine

D's'enfoncer com'ça dans l'chagrin.
Si je n'veux pas q't'épou'e Alain,
Eh ben? queu' mal? gnia ti' pas dans l'village
Pus d'un garçon r'tapé, ben aimable, ben sage,
D'ceux-là qui sont du bois dont on fait les maris?

ÉLISE, *à part.*

Le beau soulagement pour un cœur bien épris!

THOMAS.

Allons viens ça, j'te dis; j'veux q'tu prenn' l'habitude
D'trinquer d'temps en temps avec moi...
Chacun son goût; j'n'aime pas t'à boire en solitude...

NANETTE.

Ah ben; v'là d'joli l'çons; & ça fait, par ma foi,
Un bieau pass'temps pour eun' jeun' fille
Que d'vider la pinte en famille!

NIGAUDINET.

I' n' song' qu'à boir', c'Monsieu' Thomas;
Et c'est en grisant tout l'village
Qu'i' met les habitans dans l'cas
D'faire dans l'pays ben du tapage....
Quoiq' c'est que c'*Croub* qu'il établit cheux lui,
Et qui doit encore aujourd'hui
Dans son jardin t'nir un' séiance?
Régler, l'verre à la main, les affaires d'la France?
A la vill', passe encor; mais voir des paysans
Pour faire un parlement laisser là leux ouvrages!
Voir les femm' quitter leux ménages
Pour jaser su' l'Etat! gnia ti' là du bon sens!

THOMAS.

Mais viens donc, quand j'te dis, & d'la gaité,
mam'selle;
Ris; ou si non, prends garde à toi!
Voyez un peu c'te péronnelle
Qui veut s'donner les airs d' s'affliger maugré moi!
Il chante la bouteille à la main.

N°. 3. Air: (du Cousin Jacques.)

Faut   chasser la mélancolie,
C'est l'vrai moyen d'sauver l'Etat;
Boire à la santé d'la Patrie,
C'est la devise un soldat.
Prenez un flacon;
Varsez moi du bon.
Gniauroi' pas tant d'aristocrates,
Si l'on buvoit à qui mieux, mieux,

De ce bon vin vieux. *bis.*
Il boit.
C'est ça qui fait les démocrates;
On est joyeux,
Courageux,
Valeureux,
Quand on boit (3 *fois*) de ce bon vin vieux, *bis.*
É L I S E , *à part.*

Excellente morale !
L E C U R É , *à part.*
Il faut lui pardonner;
Je le plaindrois, s'il savoit raisonner!
T H O M A S.

Second couplet.

Quand on écrira not' histoire,
J'voulons ma part de nos succès.
Tout citoyen qui n'veut pas boire
N'pass'ra jamais pour bon Français,
Mais c' ti' là qui boit,
Fidèle à la loi,
S'ra toujours pris pour un grand homme,
En avalant à qui mieux', mieux,
De ce bon vin vieux. *bis.*

Il boit.

C't'i lx qui tient la cour de Rome,
S'roit indulgent,
Complaisant,
Généreux,
S'il buvoit (3 *fois*) de ce bon vin vieux. *bis.*

Tu n'veux pas v'nir? eh ben ; reste , gnia rien qui presse,
Car v'là qu'jons bu ta part.   (*Il sort.*)

S C È N E I I.

LES ACTEURS PRÉCÉDENS , excepté THOMAS,
A L A I N.

A L A I N , *fort empressé.*

Il entre précipitamment chez le Curé.

AH! généreux Pasteur !
S'il est vrai que votre ame à mon sort s'intéresse,

Inspirez à ma mère un peu plus de douceur!...
LE CURÉ.
Autant que vous je le désire ;
Un peu de patience ; & vous verrez les gens
Renoncer, pour la paix, à tous leurs différens ;
Revenant sur leurs pas, honteux de leur délire,
Immolant à l'amour de la tranquilité
Tout principe erronné, tout projet de vengeance,
Substituer à la licence
La véritable liberté.

No. 4. Air : (du Cousin - Jacques.)
Le temps présent est une fleur
Qu'étouffent les épines ;
Leur nombre ternit sa fraîcheur,
Ses couleurs purpurines.
On ôte à ces épines là
Chaque jour quelque chose ;
Vous verrez qu'il ne restera
Bientôt plus que la rose.   *Bis.*

Second Couplet.

Dans peu vous verrez la gaîté
Reprendre son empire,
A l'attrait de la liberté
Le Français va sourire.
De sa tristesse il perd déjà
Chaque jour quelque chose ;
Bientôt l'épine s'oubliera
En faveur de la rose.   *Bis.*

ALAIN, *avec feu.*
Je voudrais bien pouvoir en accepter l'augure,
Mais cet oracle encor n'est qu'une conjecture ;
Voyez autour de vous d'implacables parens
A des opinions immoler leurs enfans ;
Au Public.
Amour, hymen, gaîté, désertant les ménages,
Sont par-tout oubliées, jusques dans les villages ;
Le berger philosophe, oubliant ses chansons,
Laisse au gré du hasard s'égarer ses moutons.
Le mousquet dans ses mains remplace la houlette,
Sa voix ne répond plus à la voix de Lisette ;
Et son cœur, insensible aux accens de l'amour,
N'entend plus les oiseaux des bosquets d'alentour.
L'amour lui-même enfin, s'exilant à Cythère,
Va cacher son effroi dans les bras de sa mère ;

B

Et la beauté, pouſſant des ſoupirs ſuperflus,
Eclate en longs regrets qui n'attendriſſent plus!

NIGAUDINET, ébahi.

I' parle comme un livre! i-faut auſſi tout dire;
C'eſt q'dans c'te maiſon même il a t-apris-t'à lire,
Et q'Monſieu'l'Curé lia fait voir...
J'dis... tout c'qu'un ſavant doit ſavoir.

NANETTE, à Alain.

C'eſt pourtant ben fâcheux qu'vot' maman Madam'
Blaiſe,
Parc' qu'al' penſe autrement qu'Monſieu' l'Meûnier
Thomas,
A-propos d'vot' bonheur, r'vienn' comçà ſu' ſes pas,
Et que c'qui li plaiſoit, aujourd'hui li déplaiſe.
M'eſt avis qu'ſi l'Seigneur d'ici
Qu'aimait ben vot' famille, & pis moi, Dieu-marci,
N'nous avoit pas quitté pour aller fair' ſa ronde
Par-là bas, où c'qu'i' gnia tant d'monde...
I' vous f'rait marier ben plutôt;
Mais dame; il a t-eu peur...

NIGAUDINET.

Ah! j'dis; c'eſt un défaut
Qu'on peu ben pardonner... ſuffit.

NANETTE.

C'eſt ben dommage
'Qu'i' n'ſoit pas reſté dans l'village;
Il étoit riche & bon; & c'li' qui fait du bien
Si tout l'monde était jus', d'vrait n'avoir peur de
rien.

NIGAUDINET.

Nº. 5. Air: *Accompagné de pluſieurs autres.*

Mon Dieu! tous ces *Dénigrans-là*,
Quand donc qu'en France on les r'verra?
Car leux intéréts ſont les nôtres.

NANETTE.

Pour not' bon Seigneur, en tout cas,
On peu ben dire qu'il eſt là bas...

TOUS DEUX, enſemble.

Accompagné de pluſieurs autres.

LE CURÉ, vivement.

Mes enfans, mes amis, point de plaiſanterie;
Souvenons-nous qu'il faut, pour bien juger les gens,

Etre humains autant qu'indulgens.
Pour un coupable, hélas! que d'être innocens
Qui réclament en pleurs le fein de leur patrie?
Faut-il empoifonner le refte de leur vie;
Ma bouche avec vous tous ne s'ouvrira jamais
Que pour folliciter le pardon & la paix.

N°. 6. Air : (du Coufin-Jacques.)

Tous ces Français, que loin de nous
L'épouvante retient encore;
Il n'ont pas vu d'un jour fi doux
Briller la bienfaifante aurore.
Pareils à ceux que le ciel fit
Habitans d'un autre hémifphère;
Ils font au milieu de la nuit,
Quand le plein midi nous éclaire.   *Bis.*

Second Couplet.

Mais fur-tout n'oublions jamais
Que chacun d'eux eft notre frère.
La voix du fang chez les Français
Doit-elle un feul inftant fe taire?
Loin d'avoir un cruel plaifir
A les voir fe troubler & craindre;
Pour parvenir à les guérir,
Il faut nous borner à les plaindre !   *Bis.*

Ici le père d'Elife ferme fa fenêtre.

É L I S E, *fe promenant.*

A part.

Mon père enfin, n'a plus les yeux fur moi!
Enfin de mon amant, je puis me faire entendre!...

A L A I N, *au Curé.*

Servez-vous donc, pour nous, de cette pitié tendre,
Qui pour les malheureux vous fit toujours la loi!

É L I S E.

N°. 7. Air : (du Coufin-Jacques.)

Ces fleurs toujours fraîches éclofes,
Sans mon Alain n'ont plus d'attraits;
Et ce treillage, au-lieu de rofes,
Semble n'offrir que des cyprès.   *Bis.*

A L A I N, *très-agité.*

C'eft Elife! elle eft là! ne pourrais-je avec elle,
M'entretenir un feul inftant ?

N I G A U D I N E T.

Eh ben, moi, pour Nannet' je n fis pas fi preffant...

Parc'que j'la vois quand j'veux... T'i pas vrai donc,
    M'am'selle ?
(Même air, en duo.)
ALAIN, *preſſant le Curé.* ÉLISE, *joignant les
mains de l'autre côté.*

O bon paſteur ! dès notre enfance ,
Vous nous chérîtes tous les deux !
Guidez encore cette innocence ,
Qui toujours préſide à nos feux !

LE CURÉ.

Mes enfans, j'ai pour vous conçu certains projets ,
Qui dans ces lieux, je crois, ramèneront la paix.
Je veux, en terminant diſputes, calomnies ,
    Voir par mes foins, s'il ſe peut, dès ce ſoir,
    Vos deux familles réunies.
Depuis aſſez long-temps mon cœur ſouffre de voir
Les eſprits échauffés ſe déclarer la guerre ;
Les reconcilier eſt mon premier devoir....

NIGAUDINET.

    Si c'eſt aifé, j'crois qu'ça n'l'eſt guère ?...
Hum, Hum........

LE CURÉ.

    N'importe ; il faut, afin d'y parvenir,
Eſſayer tout ; & ſi ma tentative eſt vaine,
La bonne intention, dans ce cas, à la peine,
    Semble mêler quelque plaifir.
Je vais tout diſpoſer... (*il revient.*) Nigaudinet, écoute.

NIGAUDINET, *deſcendant de l'échelle.*

Me v'là Monſieu' l'Curé....

LE CURÉ.

Non reſte....

NIGAUDINET.

Ah ! ah !

LE CURÉ.

De toi

J'aurai befoin plus tard....

NIGAUDINET.

C'eſt drôle !....

NANETTE.

Eſt-c'que c'eſt moi

Qui ?...

LE CURÉ, *s'en allant.*

Juſtement ; venez.

NIGAUDINET.

Sans doute. *Nanette ſort avec le Curé.*

SCENE III.

ALAIN, NIGAUDINET, *d'un côté*;
ÉLISE, *de l'autre.*

ALAIN, *appelant de l'autre côté.*

ÉLISE! un mot, de grace!
ÉLISE.
Encor quelques inſtans !
Je vais voir ce que fait mon père;
J'appréhende trop ſa colère,
S'il vous voyait ici.....
ALAIN.
J'attends!
Eliſe remonte chez elle.

SCENE IV.

ALAIN, NIGAUDINET.

NIGAUDINET, *dans le jardin du curé.*

MAIS dit'moi donc, Monſieu'. comment q'c'eſt
i' poſſible.
Qu'un homm' d'eſprit comme vous n'puiſs'pas trou-
ver l'moyen.
D'parvenir à s'épouſer?
ALAIN.
Ma mère eſt inflexible;
Et Monſieur Thomas n'entend·rien.....
NIGAUDINET.
Mais pardin', ſemb'e à voir qu'ſi j'étions à vot'place,
Juſqu'à c'que j'ſois marié, pour n'avoir pas d'diſgrace,
J'ferions ſemblant d'penſer com'ceux
Dont auquel que j'dépendrais d'eux...
Et pis t-après....

ALAIN.

Non, non ; je ne fuis point la caufe
De leur divifion...

NIGAUDINET.

Mon Dieu ! la drôl' de chofe
Q'lorgueil & qu'l'entêtement! l'un dit *oui*, l'aut'dit *non* ;
Et chacun dit qu'il a raifon.

ALAIN, *en fe promenant avec agitation.*

Et c'eft cette abfurde manie,
Dont l'aveugle fureur devient épidémie,
Qui, troublant les efprits de nos cultivateurs,
Au hameau, fous le chaume, a divifé les cœurs.
Ces gens dont la difpute aigrit les caractères,
Qui forment des foupçons, des partis pour des riens,
Se fouviendroient affez qu'ils font des citoyens,
S'ils n'oublioient pas qu'ils font frères.

NIGAUDINET.

Eh ben, c'eft parler, ça..... vous et' favant, oui dà !
Mais commen c'qu'i faut qu'on vous nomm?
Eft-c'ti' démocrate ?

ALAIN.

Eh ? qu'on foit ce qu'on voudra,
Pourvu que l'on foit honnête homme !

NIGAUDINET.

Nᵒ.8. Air : (du Coufin Jacques.)

C'eft auffi comm'ça que penfe
Vot' p'tit farviteur.
Ben loin d'et' enn'mi d'la France,
J'l'aime d'tout mon cœur.
Gnia qu'un feul parti qui m'flatte,
C'ti'-là d'la raifon.
J'veux ben et' ariftocrate,
Si j'fis bon garçon.

Second Couplet.

On traite d'mauvaife engeance
Les gens comme i' faut.
J'entends r'procher leu' naiffance
Comme un grand défaut.
Moi, j'dis q'la vartu m'enchante
Dans tous les états,
Et c'ti' là qui la tourmente
Eft comme i' n' faut pas.

Troifieme Couplet.

Mais quoiq c'eft que c'te affemblée
D'tout nos compagnons

Qui pardont tout' leu' foirée
A fair' des motions ?
Montrant son rateau.
Pour moi ; v'là ma politique
Sans tant d'embarras.
Ma motion patriotique
Est au bout d'mes bras.

NANETTE, *paraissant à la porte du Curé.*
Nigaudinet......

NIGAUDINET.
V'là qu'on m'appelle.....

A Alain.
Excusez, dà. *A Nanette.* v'là que j'men vas ,
  Mam'selle.
A Alain.
Ah ! ça , j'dis ; vous v'là seul ; Mam'selle Elis' va v'nir
D'l'aut' côté, par-là bas ; songez q'faut d'la prudence !
Parlez-li ; mais d'la voir c'mur là vous fait défense !
Faut, en attendant mieux , s'contenter du désir.

ALAIN.
Hélas ! je le sais trop !

NIGAUDINET.
Ayez bon' espérance.
Il prend son mouchoir & pleure.
  Adieu, mon p'tit Monsieu' Alain.....
A part, en riant.
  Il est gentil ! *Il pleure encore,* allez ; j'vous plain' !
Il sort.

SCENE V.

ALAIN, *seul.*

DAns ces troubles divers qui fomentent les haines ,
J'ose entrevoir pourtant le terme de nos peines ;
Quand l'erreur trop long-tems nous porte à des excès,
La vérité finit par gagner son procès.....
Déjà l'on s'apperçoit que le peuple des villes
Aspire en gémissant à des jours plus tranquiles ;
Et les sentimens doux, remplaçant la fureur.
Ont a plus d'un Français fait retrouver son cœur.
Nᵉ. 9. Air : (de M. Gaveaux.)

Sur la France un nuage épais
Prolongeait l'horreur de son ombre ;
La France , hélas ! dans la nuit sombre

Semblait retomber pour jamais !....
Nous la verrons renaître encore
Par un miracle du deftin !
Car le moment de fon déclin
Devient celui de fon aurore.   *Bis.*

SCENE VI.

ALAIN, *dans le jardin du Curé;* ÉLISE, *dans l'autre jardin.*

ÉLILE, *raccourant.*

MON père eft endormi ; profitons du moment
Pour entretenir mon amant.
ALAIN.
La voilà ! *plus bas.* Si je puis concerter avec elle
Les moyens de nous voir fans craindre les témoins ! ..
Ici j'ai toujours peur ; tâpi dans quelques coins
Un jaloux, un argus peut être en fentinelle.

N°. 10, Air : (du Coufin-Jacques.)

Elife ? apprends-tu comme moi
A gémir de l'abfence ?
ÉLISE.
Alain ! mon cœur rempli de toi
partage ta fouffrance !
ALAIN.
De notre fort plein de rigueur
L'amour nous dédommage ;
ÉLISE.
Par-tout , ainfi que dans mon cœur,
Il grave ton image.
(*Enfemble, en duo.*)
Par-tout , ainfi, &c.
ALAIN.
Élife , en attendant que notre protecteur
Des auteurs de nos jours ait fléchi la rigueur,
    Ne ferait-il donc pas poffible
D'indiquer pour nous voir un lieu fûr & paifible ?
ÉLISE.
Mais... mon père... attendez ; il me vient dans l'efprit...
    Mais quelqu'un pourrait nous entendre,
Et jufqu'au rendez-vous on viendrait nous furprendre ;
J'aime mieux vous donner mon projet par écrit.

ALAIN.

Par écrit ? eh bien ; soit...

ÉLISE.

Je n'ai rien pour écrire...

Elle fouille dans ses poches.

Ah ! voici du papier.... auriez-vous un crayon ?

ALAIN, *fouillant dans ses poches.*

Un crayon ?.... justement...

ÉLISE.

Ah ! bon ;

Jettez le moi..... *Il le jette par-dessus le mur.*

Fort bien ! *à part,* c'est l'amour qui m'inspire !

Elle écrit...

ALAIN, *prenant un couteau.*

A part.

Moi, pendant ce temps-là, je veux avec ce fer,
Tracer sur ce mur redoutable,
Le nom de tout ce qui m'est cher,

Il écrit sur le mur....

ÉLISE, *pliant le billet.*

Puisse luire sur nous un jour plus favorable !

Alain s'approche du mur comme pour le baiser.

SCENE VII.

ALAIN, ÉLISE, NIGAUDINET.

NIGAUDINET, *s'arrête tout court.*

MAIS ! mais ! j'tombe d'mon haut ! est c'qu'il est
   d'venu fou,
L'jeune homme ? oh ! sûr ; il a son esprit je n'sais où,
   Quoi ? vous embrassez c'te muraille ?

ALAIN, *lui montrant le nom d'Elise.*

Eh ! tu ne vois donc pas.....

NIGAUDINET,

J'voyons ; parbleu ! j'voyons....
Un' pierre, & pis v'là tout... embrasser ça, j'disons
   Que c'n'est embrasser rien qui vaille...

*Il veut imiter Alain, & baise plusieurs endroits
   du mur.*

Ironiquement.

C

Ah! mon cher mur! j'vous aim' tant!
Vous êt' si charmant!
Ah! mon p'tit ami l'mur!

ALAIN.

Laiſſe - moi , je te prie ;
Et treve de plaiſanterie. . . . .

NIGAUDINET, *emportant l'échelle du jardin.*

J'vous laiſſe auſſi ; pas tant d'courroux ;
Je n'v'nons pas vous troubler ; oh! je n'ſis pas jaloux ;
Gnia pas d'quoi ; j'v'nons ſeul'ment pour emporter
c'te écheile ;
Parc'que Monſieu' l'Curé dit com'ça q'pour ce ſoir
Faut que l'jardin ſoit libré. . . au r'voir ;
Bas. Vot'belle en fait autant ſans doute ? *il crie*
adieu, Mam'ſelle. . .
Oh! vous pouvez tous deux, ſans gêne, embraſſer
l'mur. . . . . . .
Et l'careſſer tout à vot' aiſe ;
Moi, quant j'embraſſ' queuqʾ choſe ; i' faut, n'vous
en déplaiſe,
Q'ça n' ſoit pas tout à fait ſi dur.
*Il ſort en riant & en faiſant ſigne que deux amans
ſont foux.*

SCENE VIII.

ALAIN, ÉLISE.

ÉLISE, *ſe diſpoſant à jetter le papier.*

Nᵉ. 11. Air : (de M. Gaveaux.)

PRENEZ donc vîte ce papier
De crainte de ſurpriſe.

ALAIN.

Je ne veux me l'approprier
Que dans la main d'Eliſe.

ÉLISE.

Comment atteindre juſques-là ?
Je tremole de riſquer cela. . . . .   *bis.*

ALAIN.

Montez un peu ſur le treillage ;
Un peu d'adreſſe & de courage. . . . .

ÉLISE, *montant.*
Allons; m'y voilà.....
ALAIN, *montant aussi.*
Plus haut que cela.....
Encor plus haut.....
ÉLISE.
J'y suis enfin.....
ENSEMBLE.
Allons; passez moi votre main.   Bis.

Ils se touchent la main, & Elise tient le billet de l'autre main.

Pendant ce duo Thomas se frotte les yeux, voit sa fille au haut du mur & fait signe qu'il va la surprendre au jardin.

SCENE IX.

ALAIN & ELISE *au haut du mur;* THOMAS, *arrive en baillant & se frottant les yeux.*

ÉLISE.

NE perdons pas de tems.....
THOMAS, *arrachant doucement le billet de la main d'Elise.*
Ah! ah!
ÉLISE, *descendant avec effroi.*
Grand Dieu! mon père!
ALAIN.
Son père! ah! ciel! vîte donc; le billet.
THOMAS, *criant.*
Nennin, Nennin; j'l'avons ce bieau billet...
ALAIN, *consterné descend & écoute.*
Que faire?
ÉLISE, *d'un ton boudeur.*
Pourquoi le prenez-vous?
THOMAS.
Ah, ah! Pourquoi? J'espère
Que j'som ben l'maître ici...
ÉLISE, *fâché.*
C'est être trop sévère;
Ce n'est pas pour vous qu'il est fait.

THOMAS, *vivement.*

Nº. 12. Air : (*Elle l'aimait si tendrement.*)

N'faut pas aimer, n'faut pas aimer...

Il contrefait sa fille.

„ Hélas ! c'est grand dommage !
„ Mon papa, s'peut i' qu'à mon âge
„ I' m' soit défendu d'm'enflammer ?
De nos filles v'là le langage,
Drès qu'ail's ont atteint leux quinze ans.
Ça vous raisonne d'sentimens,
Et pis ça s'lass' déjà d'ct' sage !...

Sévèrement.

Moi ; je n'veux pas qu'on fass' l'amour :
Ça peut jouer un trop vilain tour...

THOMAS.	ÉLISE.
Ça peut jouer un trop vilain tour !	N'faut i' pas q'chacun ait son tour ?

THOMAS.

Second couplet.

Parc' que j'li prends son billet doux,

Il contrefait sa fille.

„ Hélas ! c'est grand dommage !
„ Mon cœur a dicté c'bieau langage ;
„ Papa ! pourquoi m' l'arrachez vous ? „
Mais moi, j'prétends qu'un' fill' qu'est sage
N'fasse rien sans mon consent'ment,
Qu'al' n' s'avis' pas d'avoir d'amant,
Ni d' l'I envoyer d'ton griffonage...

Sévèrement.

Car je n'veux pas qu'on fass' l'amour ;   *bis.*
Ça peut jouer un trop vilain tour...

THOMAS.	ÉLISE.
Ça peut jouer un trop vilain tour.	N'faut-i' pas q'chacun ait son tour ?

THOMAS, *prend ses lunettes avec importance.*
Va ; t'as ben du bonheur de c'que je n' sais pas lire ;
Il déchire le billet.
Tiens ; v'là l'cas que j'fais d'ton billet...
Au Public.
Et d'où vient tout c'mal-là ? de c'que j'lons fait instruire.
Alle est savante, & v'là c'qui fait
Qu'alle écrit tout courant ! on a cru m' rend' sarvice
En li baillant d' l'étude... eh ben, non.
ÉLISE, *en colère.*
Quel caprice !
Vous pensiez tout différemment,
Avant qu'un fol orgueil vous eût troublé la tête...

Et vous regardiez mon amant
Comme un parti fortable, honnête...

THOMAS.

Ah! ça; ma fill'; je n'dis pas non;
Alain m' femblait un bon garçon;
Mais, j'dis; on fait c'qu'on fait; d'puis la révolution,
Si j'ons changé d'avis, c' n'eſt point z-à-propos d'botte;
Tu n'épous'ras jamais que l'fis d'un patriote...

ÉLISE, *vivement.*

Patriote! eh! ce font des mots!...
On vous abufe....

THOMAS, *gravement.*

Ah! pas d'propos....
Je n' prétendons pas q'tu t'chagrines;
J'fis ton pére, & j't'aimons; quant à ça, tu l'fais bien;
J' fistout prêt a n'te r'fufer rien...
Veux tu v'nir boire un coup? un' chopin'; deux
    chopines;
Trois, quat', ça m'eſt égal....

ÉLISE.

Eh! vous parlez toujours
De boire! à votre fille, encore!

THOMAS.

Et toi, tu n' m'entretiens jamais que d'tes amours;
Parc'que t'as un amant, tu veux q'ton pèr' l'adore!

SCENE X.

ALAIN, ÉLISE, THOMAS, Dame BLAISE.

Dame BLAISE, *entrant dans le jardin du curé.*

A fon fils.

QUE faites vous ici, Monfieur? allons, voyons,
Parlez, expliquez-vous; donnez moi des raifons;
Eh bien? parlerez-vous? vous gardez le filence!
Vous fentez votre tort.. quand, malgré ma défenfe,
Vous vous trouvez ici! le Curé, je le fens,
Mérite à tous égards vos foins reconnaiffans;
Quant à moi, je l'eſtime on ne peut davantage;

Mais enfin, je l'ai dit ; je crains le voisinage...
Dussiez-vous enrager, je suivrai mon projet ;
Et la fille à Thomas n'est point du tout mon fait....

T H O M A S, *à part.*

Et la fille à Thomas ! voyez queulle arrogance !
Al' n' peut pas dir' : Monsieur Thomas !
Ça lié'corch'rait la bouche...

Dame B L A I S E, *à son fils.*

Il ne parlera pas !

A L A I N.

Ma mère....

Dame B L A I S E.

Il sent trop bien toute l'insuffisance
De ses raisonnemens ! Monsieur, je vous l'ai dit,
Je vous le dis encore ; il faut changer d'amante ;
Elise a, je le sais, du bon sens, de l'esprit,
Mais son père est un homme à tête extravagante ;

A L A I N.

Ma mère, écoutez-moi...

Dame B L A I S E.

C'est un franc ignorant...
Un crâne, un orgueilleux, un butor, un pédant...

A L A I N.

Ma mère !...

Dame B L A I S E.

Un homme à craindre ; un hableur en démence..

A L A I N.

De grace !...

Dame B L A I S E.

Un harangueur, ami de la licence...

A L A I N.

Ma mère....

Dame B L A I S E.

Et je défends que sa fille avec vous
Ait le moindre rapport ;...

A L A I N.

Mais...

Dame B L A I S E.

Billets, rendez-vous ;

Tout cela me déplait, me choque, me chagrine,
M'irrite, me désole... ailleurs je vous destine,
Et, dût votre fortune en dépendre aujourd'hui,
Je ne voudrais jamais renouer avec lui....

Vous ne répondez rien ? Si je fuis trop févère,
Prouvez-le moi, voyons ; je vous attends...
A L A I N.

Ma mère...

Dame B L A I S E.

Brufquement & très - vîte.

N°. 13. Air : (*Des portraits à la mode.*)

> On voyait jadis tous nos jeunes gens
> Ne former un choix qu'après leurs parens,
> Se faire une loi d'etre obéiffans....
> C'était l'ahcienne méthode...

A L A I N.

Mais, écoutez-moi donc....
Dame B L A I S E.

Parle, allons ; je t'écoute ;

Elle continue.

> Aujourd'hui l'on voit tous nos jeunes gens
> Quand ils ont à peine atteint leurs feize ans,
> Traiter fans égards papas & mamans,
> Voilà la morale à la mode.

A L A I N.

Vous manqué-je jamais de refpect ?
Dame B L A I S E, *en colère.*

Oui, fans doute...

T H O M A S, *à fa fille.*

Avec une lenteur ironique.

Même air.

> Ma fille, auter fois quand j'voyais Alain,
> V'nait à la maifon du foir au lend'main,
> J'fouffrais d'un bon cœur fon amour & l'tien ;
> Alors c'était ma méthode.
> Au jour d'aujourd'hui, maugré ton chagrin,
> J'voulons, j'prétendons q'tu n'aim' pus Alain,
> Si tu l'vois queuq' part, tu pass'ras ton ch'min ;
> Voilà la morale à ma mode !

Dame B L A I S E, *criant.*

Oh, oh! Monfieur Thomas ! ceffez ce grand courroux,
Cet amour me déplait encor bien plus qu'à vous.
T H O M A S, *à fa fille.*

J'te dis qu'i gnia rien qui m'déplaife
Autant q'tout c'qu'a rapport aveuc c'te Madam' Blaife..

Dame BLAISE.

Madame Blaife vous vaut bien!

THOMAS, *à fa fille.*

Al' n'a pas l'fens commun ; c'eft un' femm' qui n'vaut rien.

Dame BLAISE, *furieufe.*

(N°. 14. Air : (du Coufin-Jacques.)

Je crois que le voifin raille ;
Vit-on femblable canaille ?
Oh! oui ; fans cette muraille,
Je le lui revaudrois bien... *Bis.*

Elle fait un gefte de dépit ; Alain tâche de l'appaifer.

THOMAS, *en colère.*

La voifine eft là qui glofe :
Si j'la tenions & pour caufe,
J'voudrions ben voir qu'all' ôfe
J'ter des pierr' dans mon jardin. *Bis.*

Il fait des geftes comme Madame Blaife ; Elife tâche de l'appaifer comme Alain.

ALAIN, *à part.*

Ils fe brouillent plus que jamais ?

ÉLISE, *à part.*

Cela va mal ; adieu la paix !

THOMAS & Madame BLAISE.

Même air, (en Duo.)

Dame BLAISE.	THOMAS.
Ah! Thomas.' fi je me fâche!	Madam' Blaife, fi je m'fâche,
Après vous fi je m'attache,	Après vot' peau fi j'm'attache,
Vous n'aurez point de relâche,	Vous n'aurez jamais de r'lâche,
Que vous ne le payez cher. *Bis.*	Q'vous n'me l'ayez payé cher. *Bis.*
Gardez, gardez votre fille ;	Moi, j'voulons garder ma fille ;
Entrer dans votre famille,	L'honneur d'être d'vot' famille,
N'eft pas un hon eur qui brille,	Jarnigoi ! n'a rien qui brille,
Affez pour qu'on en foit fier.	Tant qu'i'faille en et' fi fier.
4 fois.	*4 fois.*

SCÈNE XI.

LES ACTEURS PRÉCÉDENS, LE CURÉ.

LE CURÉ, *à Dame Blaife.*

QUEL éclat! Quoi? chez moi, fans égard pour mon âge

Et pour mon caractère, une femme.....d'efprit,
De bon fens du public bravant le difcrédit,
  Vient troubler tout le voifinage!
  Plus haut.
Et vous Monfieur Thomas, fi paifible autrefois!
Réputé pour l'ami du bon ordre & des loix,
  Vous donnez à tout mon village
L'exemple de la haine! ah! foyez donc plus fage!

  Nº. 15. Air : (du Coufin Jacques.)

> La nature vous a faits pères
> Pour le bonheur de vos enfans;
> La loi vous dit d'être févères,
> Le cœur vous dit d'être indulgens.
>
> L'enfant eft de tons les humains
> Le premier qui vous intéreffe ;
> Si le pouvoir eft dans vos mains, .
> Dans votre cœur eft la tendreffe.

THOMAS, *confus, remontant chez lui. (A part.)*
Il a morgué, raifon! Moi, je n'fçais q'li répondre;
Haut.
  Viens-ça ma fill', rentrons cheux nous.
            Il s'en va avec fa fille:
  ÉLISE, *fuivant fon père. (A part.)*
Ce confeil l'a rendu plus doux......
  Dame **BLAISE**, *s'en allant auffi. (A part.)*
Ce pafteur vertueux fait toujours me confondre ;
Un feul mot de fa part m'avertit de mes torts!
Viens, mon fils........
  ALAIN, *fuivant fa mère. (A part.)*
  Pour la vaincre il faudra moins d'efforts !.....
  Ah! les méchans auront beau dire ;
De la vertu par-tout on refpecte l'empire!

SCENE XII.

LE CURÉ, *feul.*

A Voir leur air embarraffé, confus,
Je juge que mes vœux ne font pas fuperflus.
Un pacte d'union fincère & folemnelle,

D

Avant la fin du jour couronnera mon zèle ;
J'ose au moins l'espérer ! Nanette & mon valet
Vont de tout leur pouvoir seconder mon projet !..

N°. 16. Air : (du Cousin-Jacques.)

Existe-t-il sur la terre
Un plus noble ministère
Que celui dont les succès
   Ramènent la paix ?   *Bis.*
Vous qui tenez la puissance,
Dévouez votre existence,
Immolez tous vos projets
Pour avoir la paix
   En France,
Pour avoir la paix.   *Bis.*

Second couplet.

Tout s'accorde pour nous dire
Qu'il est temps que cet empire
Ne s'applique désormais
   Qu'à ravoir la paix.   *Bis.*
O, si j'avois quelqu'aisance !
Au risque de l'indigence,
De bon cœur je l'offrirois
Pour avoir la paix
   En France,
Pour avoir la paix !   *Bis.*

Il rentre.

Fin du premier acte.

Ici un court entr'acte pour l'orchestre, de la composition de M. Gaveaux.

ACTE SECOND.

Même décoration, excepté qu'il y a une longue ta-
ble dans le jardin de M. Thomas, couverte d'un
tapis verd, sur laquelle il est occupé à ranger des
bouteilles & des verres; & Nigaudinet, dans l'au-
tre jardin, arrange des bancs contre les murs,
quand on lève la toile.

SCENE PREMIERE.

NIGAUDINET, THOMAS.

NIGAUDINET *regarde les bancs qu'il a rangés,*
avec un sourire de satisfaction, & il s'égaie pen-
dant la ritournelle, en se disposant à danser.

Duo. Nº. 17 Air: (du Cousin-Jacques.)

Thomas écoute avec surprise, de l'autre côté.

CHANTONS gaîment la chansonnette,
Talla, la la la, la la la;
Bentôt ici la paix s'ra faite,
Talla la, la la la, la la la.
Bentôt on dans'ra sur l'herbette,
Talla, la la la la, la la la.

La ritournelle.—Il danse.

Bentot j'épous'rai ma Nanette,
Tout' drôlette,
Gaiîlerette,
Gentillette,
Joliette,

Il saute avec transport.

Talla la, la la la, la la la.....
Ouf !......

Il danse niaisement pendant la retournelle.

THOMAS.

Dieu m'pardonne, c'Nigaudinet
Dans' là tout tout comme un benêt;
J'crais q'c'est pour me narguer; si ça n'tient qu'à la
danse,

J'peux ben l'narguer itout...... Allons, zeste, en
cadence.......

Même air.

Nigaudinet écoute avec surprise.
V'là la constitution qu'est faite......

ET SIGNÉE,
Talla la, la la la, la la la.
Quand la liberté s'ra complette,
Talla la, le la la la, la la la....
Nous irons boir' sous la coudrette,
Talla la, la la la, la la la,.....

Il danse pendant la ritournelle.

SCENE II.

NIGAUDINET; THOMAS; NANETTE, *entrant
d'un autre côté, parodie Nigaudinet;* ÉLISE *entrant de l'autre, parodie son père.*

En Duo.

NIGAUDINET, *dansant.*	**THOMAS**, *dansant.*
Bentôt j'épouserai ma Nanette,	Nous chanterons la chansonnette,
Tout' drôlette,	Tout' drôlette,
Gaillerette,	Gaillerette,
Gentillette,	Gentillette,
Joliette,	Joliette,
Ouf!.....	Ouf!......
Il saute.	*Il saute.*
Talla la, la la la, la la la.	Talla la, la la la, la la la.
Il danse avec Nanette pendant la ritournelle.	*Il danse avec Elise pendant la ritournelle.*

Tout-à-coup Thomas apperçoit sa fille, & Nigaudinet apperçoit Nanette; ils se regardent tous les
quatre en silence.

NANETTE.
V'là c'qui s'appelle et'gai! c'est fort ben, moi, j't'imite....
Elle l'aide à ranger les bancs.

ÉLISE.
Vous voilà bien joyeux; votre exemple m'invite
A faire trève a mon chagrin.....

NIGAUDINET, *à Nanette.*
Faut ratiffer c'te allée....

THOMAS, *bas*, *à Elife.*
I' font-là dans c'jardin,
Qu'ont l'air de s'goffer d'nous ; mais j'leu' rends la pa-
reille,
Çom' tu vois ; i' danfont ; j' danfe itout....

ÉLISE.
A merveille....

A part.
Profitons de fa belle humeur.
Haut.
Votre gaîté, mon père, auroit bien plus de charmes,
Si vous finiffiez mes allarmes
En confentant à mon bonheur !

THOMAS.
Mais j'te l'ai déjà dit ; excepté ton mariage,
Tout c'que tu veux, je l'veux... fais com' moi ; tiens ;...
j'fis fage,
Moi ; je n'veux pas du tout m' marier ; oh ! pas du tout.

ÉLISE.
Belle comparaifon !

THOMAS.
Eh ! j'dis, j'fis t'encor d'âge
A trouver z-un parti ; mais c'eft pas-là mon goût....
Il boît.

ÉLISE.
Au moins devriez-vous laiffer à la jeuneffe
Les doux plaifirs de la tendreffe ;
Les fentimens, mon père, ont leur faifon ;
C'eft aux fleurs de l'amour que je dois rendre hommage,
Et vous, aux fruits de la raifon.....

THOMAS.
Tu fais l' prédicateux.

ÉLISE.
Chacun a fon langage....
N°. 18. Air : (du Coufin-Jacques.)

Avec une gaîté ironique.
Il eft paffé, comme un beau fonge,
Ce temps d'amour & de plaifir !
C'eft exifter par le menfonge
Que d'exifter par fouvenir !...
Par fouvenir.....
Vieillards, que l'amour abandonne,

Laissez en paix les jeunes gens....
Jouissez des fruits de l'automne ;
Nous aurons les fleurs du printemps.

Second couplet.

C'est abuser de la vieillesse
Que de l'user en vains regrets !
L'amitié, quand l'amour nous laisse,
; Nous offre encor tous ses attraits,
    Tous ses attraits.......
Il faut, quand la retraite sonne,
Ne plus songer à nos beaux ans....
Car alors les fruits de l'automne
Valent bien les fleurs du printemps.

THOMAS, *embarrassé.*

Va, j'n'avons q'faire d'tes sarmons ;
Au lieu q'de m' régenter, viens sans fair' tant d'façons
Préparer avec moi c'qu'i' faut pour la séance ;
V'là qu'al va commencer...

ÉLISE, *allant avec lui. (A part.)*

Allons, obéissons ;
Les projets du Curé me rendent l'espérance !

SCENE III.

NIGAUDINET, NANETTE.

NIGAUDINET.

Ah ! v'là qu'i' sont rentrés !..... Nanette......

NANETTE.

Eh ben ?

NIGAUDINET.

Di donc ; est c'que tu crois q'c'est pour tout d'bon
C'qu'a dit Monsieu' l'Curé ?

NANETTE.

Pardi ! sûr'ment q'sans doute ;
C'est qu'en établissant un *Club* dans son jardin
    Il a l'projet d'met' en déroute
C'ti' là qu'est établi dans l'jardin du voisin.

NIGAUDINET.

Mais... queuq'ça li fait, c'*Croub ?* c'est donc par jalousie ?

NANETTE.

Pas du tout.

NIGAUDINET.

Pourquoi donc?

NANETTE.

Pardine ! j'n'en fais rien,
Mais ftapendant ça s'd'vin' bien.

NIGAUDINET.

Toi, qu'as pus d'efprit q'moi, d'vin' le donc; j' t'en
défie....

NANETTE.

Ça n'eft pas mal-aifé....

NIGAUDINET, *frappant du pied.*
Di....

NANETTE, *ironiquement.*
C'eft ben difficile....

NIGAUDINET, *en colère.*

Di l'moi donc.....

NANETTE.

Eft c'que j'fais? mais v'là Monfieu' l'Curé;
T' t'l'expliqu'ra mieux q'moi....

SCENE IV.

LE CURÉ, NIGAUDINET, NANETTE.

LE CURÉ, *une grande lunette à la main.* (*A part.*)

JE me fais bien bon gré
De mon invention ; ma fervante eft habile,
Elle retiendra bien ce que je lui dirai.....
Nigaudinet fera docile ;
Par ce double fecours enfin je parviendrai
A voir ma Paroiffe tranquile. (*Haut.*)
Ah ! Bon ; mes chers amis ; je vous trouve à propos...
Je ne vous ai dit qu'en partie
Le plan que j'ai tracé.... Lorfque la compagnie
Des villageois gais & difpos
Qui ne font pas du *Club*, ici fera rendue,
Vous viendrez tous les deux vous offrir à fa vue,
Déguifés en aventuriers ;

NIGAUDINET, *d'un air important.*
C'eſt bon.

NANETTE.
C'eſt bon.

LE CURÉ.
Alors vous chanterez (ſans rire)
Les couplets que je viens d'écrire,
Et dont j'ai fait pluſieurs petits cahiers....

NIGAUDINET.
Comment c'que j'les chant'rai, ſi je n'ſais pas les lire?

LE CURÉ.
Tu les ſais dès long-temps; il ne faut qu'avoir l'air....
De....

NIGAUDINET.
C'eſt bon; j'vous comprends.... faudra t'et' grave
& fier....
Il ſe rengorge.
Com'ça, n'eſt c'pas?

LE CURÉ.
Fort bien....

NIGAUDINET.
J'varrai com' f'ra Nanette;
Et j'f'rai tout comme all'f'ra....

LE CURÉ.
Tiens, prends cette lunette....

NIGAUDINET, *ſtupéfait.*
A quoiq'ça ſert, c't'*affutiau*-là?

LE CURÉ, *en riant.*
Ce meuble-ci te ſervira
A te donner un air d... un air d'aſtronomie....
On te croira ſavant, verſé dans la magie;
Et comme un philoſophe on te reſpectera....
Et, ſi, malgré mes ſoins, on découvre ma ruſe,
Le but où nous tendons, nous ſervira d'excuſe.

NIGAUDINET, *penſif.*
Aſtotomie! Ah! diante! il eſt genti', c'mot-là......
Firſoloſe! Ah! mon Dieu!..... c'eſt un' fier choſe q'ça!.....
Et vous dit' donc qu'la paix s'ra faite
Par la vartu de c'te lorgnette?

LE CURÉ, *avec une emphaſe ironique.*

Nº. 19. Air : (du Couſin-Jacques.)
Cet inſtrument ſert à plus d'un uſage;
On ne voit rien; on dit toujours qu'on voit.

Un charlatan a bien de l'avantage,
S'il fait valoir l'éclat qu'il en reçoit.
Le peuple auffi, rendant l'erreur complète,
Dupe des mots d'un flatteur careffant,
Voit fon mérite avec une lunette;
C'eft pour cela qu'il lui paroît fi grand.　　　*Bis.*

Second couplet.

Au Public.

Voyez auffi, dans mainte conjonĉture,
Ce rimailleur, portant petit colet,
Aimant fes vers, fans goût & fans mefure,
Plus que l'Iris pour laquelle il les fait.
Sur fes rivaux il braque fa lorgnette,
Et franchement il en a bon befoin.
On fe rapproche avec une lunette,
Des vrais talens, quand on en eft fi loin.　　　*Bis.*

N I G A U D I N E T.

C'eft bieau, c'que vous dit là, Monfieur l'Curé, *bravo!*
J'y compernons rien ; mais c'eft bieau !

N A N E T T E, *émerveillée. (A part.)*

Près d'un Curé com' ça, dam' ; c'eft q'faut en rabattre,
Au moins ; gnia pas à dire ; il a d'l'efprit com' quatre.

L E C U R É, *vivement.*

Mes enfans, le temps preffe, allez vous difpofer.

N I G A U D I N E T, *s'en allant.*

Ah ! mon Dieu ! d'tout mon cœur......

N A N E T T E, *s'en allant auffi.*

J'n'ons rien à vous r'fufer......

N I G A U D I N E T, *revenant. (A part.)*

Morgué, c'eft du travail... *Haut.* Mais, ftapendant,
　　　not' Maître,
Je n'compernons pas ben c'qu'i' réfult'ra d'tout ça......

L E C U R É.

Le fuccès vous en inftruira .....

N I G A U D I N E T, *fortant avec Nanette.*

C'eft poffib'e q'ça peut ben être......

S C E N E V.

L E C U R É, *feul.*

Mon Club s'appellera le *Club de la Gaîté;*
Ce titre feul ramène à la tranquilité !

Rire un peu ! pourquoi non ? ce joyeux miniſtère
N'a rien d'incompatible avec mon caractère....

(Mezza voce.)

N°. 20. Air : (du petit mot pour rire.)

(*En confidence au Public.*)

Et les ſoupirs & les *hélas !*
Ma foi, ne nous ſauveront pas,
Quoiqu'on en puiſſe dire.
Pour rétablir chez nous la paix,
On a plus beſoin que jamais
Du petit mot (*bis*) pour rire.

Second couplet.

Ouvrages gais, propos joyeux
Ne valent-ils pas cent fois mieux
Que notre vain délire ;
Et que tous ces doctes fatras
Où le lecteur ne trouve pas
Le petit mot (*bis*) pour rire ?

*Alain & ſa mère arrivent gaîment pendant la ri-
tournelle.*

SCENE VI.

LE CURÉ, Dame BLAISE, ALAIN.

A L A I N, *avec chaleur.*

MA mère enfin, Monſieur, conſent à mon bonheur,
Si vous réuſſiſſez à guérir la folie
De ce père entêté, mais dont l'excellent cœur
Semble excuſer la phrénéſie.

Dame BLAISE, très-vîte.

Oui, Monſieur le Curé, oui ; vos ſages avis
M'ont enfin décidée en faveur de mon fils ;
Mais il faut du voiſin changer le caractère ;
Il faut que ce vieux fou renonce ſans délai
A ces Clubs, ces partis d'un ſentiment contraire.
Il faut qu'en ce village on ſoit uni, doux, gai,
Franc comme au bon vieux temps, ennemi du déſordre ;
Qu'on travaille en repos & ſans ſe quereller,
Que chacun ſans péril ait le droit de parler....

Voilà ce que j'exige & n'en veux pas démordre ;
Ah ! pardi, oui ! mon fils irait former des nœuds,
Capables de troubler nos jours à tous les deux !
Dans son parti le père entraînerait la fille ;
La femme, son mari ; mon fils m'éviterait ;
Chaque instant nourrirait la haine, & l'on verrait
La dispute avec nous s'ancrer dans la famille....
Oh ! que non pas, non pas ! songez-y bien, Curé ;
Ce village est perdu, si cela continue ;
Car la prévention d'un esprit égaré
    De père en fils se perpétue ;
Des malheurs à venir ce n'est-là que l'exorde,
Comme on naissait jadis ou noble ou roturier,
On naîtra querelleur ; en mourant le fermier
Aux siens, avec son fonds, léguera la discorde ;
Et les petits enfans de nos petits enfans,
Les armes à la main, feront leurs testamens.

LE CURÉ.

    Je suis ravi de vous entendre
    Vous exprimer sur ce ton là,
    Chez mon voisin je vais me rendre ;
    Ma visite le surprendra....
Je veux de la raison lui parler le langage ;
Il sort & revient.
Ce langage est toujours celui de la douceur ;
Veut-on savoir quel est le parti le plus sage ?
    C'est celui qui n'a point d'humeur.   *Il s'en va.*

SCENE VII.

ALAIN, Dame BLAISE.

ALAIN.

N°. 21. Air : (de M. Gaveaux.)

Duo.

Courage, allons, ma mère ;
J'admire en vous ces sentimens.....
    Plus la paix vous est chère,
Et plus vos jours seront charmans.   *Bis.*

Dame BLAISE.

Souviens-toi que ta mère
A toujours eu ces sentimens.....
La paix lui sera chère,
Autant qu'à toi, dans tous les temps.   *Bis.*

ALAIN.

Allons chez nous attendre
Ce qu'aura fait mon protecteur.

Dame BLAISE.

Le voisin doit se rendre
Aux avis de ce bon Pasteur.

ENSEMBLE, *en se retirant.*

Qu'un seul vœu nous rassemble
Pour le bonheur de tout Français;
Unissons-nous ensemble,
Pour désirer toujours la paix;
La paix !
Pour désirer toujours la paix,
La paix, la paix, la paix, la paix.

Ils s'embrassent tendrement, & sortent en dansant pendant la ritournelle qui expire dans le lointain.
Pianissimo.

SCENE VIII.

ÉLISE, *seule dans le jardin de son père.*

Elle apporte une sonnette & des journaux.

MON père entend raison; il faut crier miracle;
Elle imite le ton de son père, & prend un air entre deux vins.
„ Ma fille, m'a-t-il dit, j'aime & j'estime Alain;
„ Et, s'il veut se montrer comme un bon citoyen,
„ A t'unir avec lui je ne mets plus d'obstacle . . . .
Oui, mais... *bon citoyen !....* savoir ce qu'il entend
Par ce nom ; tout le monde aujourd'hui se le donne....
Eh bien, tant mieux, au fait; je voudrais franchement
Que l'on s'accoutumât à n'en priver personne !
Eh ! mais, lorsque j'y songe ;.... en honneur, je suis
     bonne !
Mon père me chérit ; je suis ici chez moi ;
J'y suis seule de femme, & n'y fais point la loi !

Oh! j'y veux commander, mon père aura beau dire;
Ses amis auront beau faire les orateurs;
Je citerai mes droits qui valent bien les leurs,
Et de mon fexe enfin j'exercerai l'empire......

N°. 22. Air : (du Coulin - Jacques.)

Plus de peur; allons, Mefdames;
Livrez vous à la gaîté.
Laiffez luire dans vos ames
Le jour de la liberté.
Plus de terreurs, ni d'allarmes,
En tout temps vous régnerez......
Les droits fondés fur nos charmes,
Sont toujours bien affurés.   *Bis.*

Second couplet.

Point d'orgueil, Meffieurs les hommes,
En dépit de tous vos droits,
Puifqu'encor c'eft nous qui fommes
Et vos tyrans & vos Rois.
A l'inftant qu'on vient vous rendre
A grand prix la liberté;
Il ne faut pour la reprendre
Qu'un clin d'oeil de la beauté.   *Bis.*

S C E N E   I X.

ELISE, THOMAS, *un peu plus ivre qu'auparavant.*

T H O M A S.

Il s'arrête à la coulife criant.

QUOIC'QUE vous me d'mandez? Oh oh! faut d'la
  patience;
Il eft là, t'nez, vot' blé; mais, dame; on l'moudra
  d'main......
J'ons d'aut' chofe à penfer; v'là l'heure d'ma féance....
A part, en s'avançant vers fa fille.
On l'moudra d'main ! C'eft bon, mais c'eft qui'mour-
  ront de faim.....
        É L I S E, *très-vertement.*
Vous favez donc enfin vous condamner vous-même;
Et la réflexion, fecondant mon défir,
    Vous avertit que le plaifir

Marche après le devoir....Eh ! quoi? toujours extrême,
Toujours dupe des mots & de la vanité,
Iriez vous, sans relâche, excitant les orages,
    Du plus paisible des villages
    Ecarter la tranquilité?

    THOMAS, *buvant un coup.*
Tiens, tiens, tiens ! c'tair !.... & c'ton ! mais je n' t'ons
    jamais vue
Si revêche !

    ÉLISE.
    C'est vrai; l'espoir m'a retenue;
J'ai pensé qu'à la fin vous vous sentiriez las
    Des disputes & des débats;
Mais.......

    THOMAS, *prenant la sonnette.*
    Ah ! ça, faudra ti' qu' j'agitions c'te sonnette
Pour te fair' taire ? *Il sonne.*
    Eh eh ! tu sais ben qu'entre nous,
J'somm' ici président....

    ÉLISE, *toujours debout.*
Thomas est assis.

    Oui; félicitez-vous
    De présider une guinguette !
Laissez aux gens instruits un honneur fait pour eux,
Sans profaner ici tous ces titres pompeux.

    N°. 23. Air: *I' suffit q'ça plaise.*

    Je vous le dis, mon père ;
    Pour bien servir l'état,
    Il n'est pas nécessaire
    De s'assembler avec éclat ;
    Un villageois,
    Fidèle aux loix,
    Qui vaque à son affaire,
    Tout bonnement,
    Tout doucement,
    Content du sien,
    Sur-tout homme de bien,
    Est plus grand à mes yeux,
    Que ceux
    Qui font les valeureux.

SCENE X.

ÉLISE, THOMAS, LE CURÉ.

LE CURÉ, *avec un air riant.*

BONJOUR, voisin Thomas.....
   THOMAS, *interdit.* (*A part.*
    Aurai-j'ti' la berlue?
    ÉLISE, *à part.*
Le Curé dans ce lieu !
    LE CURÉ.
     Ma visite imprévue
Vous trouble, je le vois......
   THOMAS, *se levant.*
    Ah ! j'dis Monsieu' l'Curé,
Je n'vous attendions guère, à vous parler ben vrai....
A sa fille.
Débouche c'te bouteille...*Au Curé.* I' faut qu'i'gniait
 fix s'maines,
  Q'vous n'mettez pus les pieds cheux nous.
A sa fille.
Varse à boire à Monsieu'.....
   LE CURÉ, *assis à la table.*
    Mais ! comment voulez-vous
Qu'on vienne ici? ce *Club* vous donne tant de peines !
Vous occupe si fort !
THOMAS, *s'asseyant de l'autre côté de la table.*
    Pourquoi n'y v'nez vous pas?
On vous auroit ben r'çu ; j'savons ben, en tout cas,
Q'tout ça n'est pas d'vot goût ; j'som' tertous patriotes,
 Ici j'ons tertous l'même esprit ;
Vous passez un p'tit brin pour &'..... enfin, suffit......
I' faut pardonner ça ; quand on porte eun' calotte,
C'est tout simp'e ; on n'aim' pas..... dame, j'dis c'est
 d' l'état.....
   LE CURÉ, *avec douceur.*
Vous me jugez tiè--mal, mon ami, je vous jure.
   THOMAS.
Elise est debout, & passe alternativement des deux
 côtés.

N'aviez-vous pas, outre vot' Cure,
Par-ci, par-là, queuq' p'tit caronicat?
Queuq' p'tit brimborion d'abbaye ?
Ah dame ; on tient à ça.....

LE CURÉ.
                    Point du tout ; fongez donc
Que, fi les feuls gagnans chériffoient leur patrie,
Perfonne ne feroit à l'abri du foupçon ;
Les fentimens pourroient fembler avec raifon
        Intéreffés de part & d'autre.
Vous dites qu'un perdant n'eft pas bon citoyén ;
Je dis, moi, qu'un gagnant l'eft par l'amour du gain....
Et mon patriotifme eft au niveau du vôtre.....

THOMAS. (*A part.*)
Ah ! diant'e ! *à fa fille* i' raifonn' ben, dà, ma fille,
    au Curé ah ! ça, mais....
Vous ne r'grettez donc pas tous ces p'tits bénéfices?....

ÉLISE.
Monfieur les poffédait pour prix de fes fervices,
Mon père.....

LE CURÉ, *vivement.*
        Mon enfant ne nous plaignons jamais,
Lorfqu'en nous réduifant au fimple néceffaire
Nous pouvons des humains adoucir la mifère ;
Une honnête exiftence eft un bien fuffifant ;
Combien de braves gens, qui n'en ont pas autant !

Nᵒ. 24. Air : (de M. Gaveaux.)

Oui, tout le bien que j'ai perdu
M'en procure un plus magnifique;
Avec ufure il m'eft rendu,
Par la félicité publique !
Il ne manqueroit a mes vœux
Que de doubler le facrifice ;
Si les François font tous heureux,
Ce fera-là mon bénéfice!   *Bis.*

THOMAS.
Morgué ! Monfieu' l'Curé ; ça m'charme d'vous en-
    tendre ;
A fa fille.
Varfe encore un p'tit coup. *Au Curé.* J'fom' fâché tant
    feul'ment
Q'vous paffiez dans not' *Gleub* pour un.... *à demi-
    voix* ça s'fait comprendre?......
On dit comme ça : *tant pis ! j'plaignons fon entêt'-
    ment.....*

                                                    On

On vous voit tous les jours avec c'te Madam' Blaife,
   Qu'eft un' femme, n'vous en déplaife,
Que j'dis qu'un patriote & pis elle' ça fait deux;
   On dit qu'enfemble, à qui mieux, mieux,
Vous s'mocquez d'nous....

LE CURÉ.

Eh! non....

THOMAS, *d'un ton fuffifant.*

     Oh! q'fi fait; alle en glofe.....
Je l'fais d'bonn' part....

LE CURÉ.

       Il n'en eft rien:
D'ailleurs, fachez, Monfieur, & retenez-le bien,
Que cenfurer l'abus, n'eft pas railler la chofe.
Ce n'eft pas votre *club* que l'on critique ici,
C'eft la perte d'un temps précieux pour l'ouvrage;
   Car vous favez, mon bon ami,
Que l'univers dépend des travaux du village.
Chaque état dans l'empire a fes bornes, fes droits;
Aux favans des cités fi vous devez vos loix,
   Eux vous doivent leur fubfiftance;
N'eft-ce pas, felon vous, un des plus beaux emploix
Que celui qui vous rend nourricier de la France?

THOMAS, *enchanté.*

V'là t'un difcours capab'e!....

ÉLISE, *à part.*

     Il fe rend par dégrés.

THOMAS, *lui préfentant la main.*

Vous et', Morgué, Monfieu', la fin' fleur des Curés....

LE CURÉ, *adouciffant encore fon ton.*

Et puis ces fentimens oppofés, ces querelles
Dont il réfulte, après, des haines éternelles;
Le villageois pour qui ce *club* a des appas
A l'air de méprifer celui qui n'en eft pas;
Quand l'un fait l'orateur, l'autre veut auffi l'être;
On devient plus fenfible au défir de paroître,
Qu'au folide agrément de cultiver fon champ.
Bref, chacun plus qu'autrui croit avoir des talens;
Et cela bleffe un peu l'égalité champêtre;
Qu'en dites-vous voifin?

THOMAS.

     J'vous entends; j'vous comprends;
Vous n'voulez donc pas d' *Gleub?*   F

LE CURÉ.
J'en veux tout comme un autre....

THOMAS, *étonné.*

Comment ?

LE CURÉ.
Mais j'en veux un tout différent du vôtre....
Tenez, venez chez moi ; pour en établir un
Nous prendrons dès ce soir les avis en commun.

THOMAS. (*A part.*)
Hom ; gnia queut' chos' là d'ffous ; pas moins c'eft un
brave homme. (*Haut.*)
Je n'peux pas pour ce foir ; v'la not' mond' qui va v'nir...
Mais d'main, ça s'ra tout fin tout comme ;
Du moins pour aujourd'hui faut nous laiffer finir...

LE CURÉ, *fe levant.*
Je vous laiffe ; à demain... (*A part.*) Ma douceur le ramène.....

THOMAS, *le faifant raffeoir.*
Quoi ? vous partez tout d'fuite ? allons ; encore un coup,
Pour le racommod'ment....

LE CURÉ.
J'ai déjà bû beaucoup....

THOMAS.
Pour quat' ou cinq gob'lets, bah ! ça n'eft pas la peine....
Pour un Curé, fur-tout !

LE CURÉ.
Allons, je le veux bien. (*A part.*)
Il faut flatter fon goût pour lui donner le mien....

THOMAS, *à fa fille.*
Allons, ma p'tite, allons; varfe.... & buvons enfemble....

ÉLISE, *verfant.*
Je n'ai pas foif....

THOMAS.
Si fait ; t'as foif.

ÉLISE.
Puifqu'il le faut,
J'ai foif.... (*A part.*) Qu'il eft bizare !

THOMAS.
Oh ! c'n'eft pas t'un défaut
Que d'boire en fociété.... c'eft l'vin qui nous raffemble....

N°. 25. Air : (de M. Chardiny.)

Tous trois ont leur verre à la main & font tour-
nés vers le Public.

THOMAS, *à part,* & *à demi-voix.*
Ça m'rend tout fot, quand j'penfe
A tout c'qu'i' m'a dit là.
ÉLISE & LE CURÉ, *l'obfervant.*

En Duo.

Il réfléchit ; il penfe
A cet entretien-là.
THOMAS, *à part.*
Faut voir comment tout ça finira....
ÉLISE & LE CURÉ.

En Duo.

Je vois comment cela finira.
THOMAS, *à part.*
Je n'voulons pus d'licence....
ÉLISE, *à part.*
Pour moi, j'ai bonnne efpérance ;
ÉLISE & LE CURÉ, *à part, en duo.*
Le calme renaîtra.....
THOMAS, *d'une air joyeux* & *confiant.*
A vot' fanté, Monfieu'! touchez-là.

Le Curé trinque avec lui d'une main, & *lui donne*
l'autre avec effufion de cœur.

(*Crefcendo.*)

En Trio.

ÉLISE & LE CURÉ, *à part.*	**THOMAS.**
Selon nos vœux tout réuffira ;	A vot' fanté *!* Monfieu', tou-chez-là.
Tout réuffira. *3 fois.*	Monfieu', touchez-là. *3 fois.*

LE CURÉ, *prêtant l'oreille.*
Nous voilà bons amis, au revoir ; mon voifin ;
J'entends chez moi du monde arriver ; à demain.
Il entre fix Payfans chez le Curé.
THOMAS, *fe lève* & *réconduit le Curé.*
Oh ! j'vous r'conduis jufqu'à ma porte.
ÉLISE, *bas au Curé.*
Si vous voyez Alain......
THOMAS, *fe retournant.*
Queuq' tu dis-là tout bas ?

LE CURÉ, *bas, à Elise.*
Je vous promets de faire en forte
Qu'à combler vos défirs il ne tardera pas.

Ils fortent tous trois.

SCENE XI.

LES SIX PAYSANS, *dans le jardin du Curé,*
avec les outils du labourage.

Nº. 26. Air : (rendez, rendez la culotte au Curé.)

Le premier PAYSAN.

Morgué, c'eft avec étonn'ment
Que j'v'nons ici nous rendre.

Le fecond PAYSAN.
Not' bon pafteur, il a fûr'ment
Quent' chofe à nous apprendre.

TOUS LES SIX, *fe regardant avec furprife.*
Un *Gleub !* un *Gleub* au jardin du Curé !...
Faut l'voir ed'mes deux yeux pour en et' affuré.

Second couplet.

Le premier PAYSAN.
C'eft en r'venant d'faucher not' pré
Q'j'en ons r'çu la nouvelle ;
Il montre fa faulx.
Et cheux nous je n'fom' pas rentré ,
Pour v'nir où l'on m'appelle !

TOUS LES SIX, *en parties.*
Un *Gleub !* un , &c.

SCENE XII.

LES SIX PAYSANS, LE CURÉ,
Ils le faluent tous les fix avec empreffement.

LE CURÉ.

Bon soir , mes chers amis.... fur ces bancs prenez
place.

Ils s'affeoient tous les fix ; trois d'un côté , trois
de l'autre ; le Curé fur le banc du milieu ; comme à
un catéchifme.
Vous connaiffez le *club* que le voifin Thomas

Tient chez lui tous les foirs....,

Le premier **PAYSAN**, *brufquement.*

Quant à moi, j'n'en fuis pas.

Le fecond **PAYSAN.**

Ni moi non plus ;

LES QUATRE AUTRES.

Ni moi.

Le premier **PAYSAN**, *en colère.*

J'aimerions mieux....

LE CURÉ, *l'interrompant.*

De grace !

Prenez, mes chers enfans, un ton plus modéré ;
Point d'aigreur !

TOUS LES SIX, *fe levant & faluant.*

Oui, Monfieu' l'Curé.

LE CURÉ.

Ils remettent enfuite leur chapeau.
Souvent par un faux zèle on peut être égaré.
Thomas eft un brave homme....

Le premier **PAYSAN.**

Ah ! je n'dis pas l'contraire ;

Montrant fon poing.
Pas moins, fi je l'trouvais queuq' part....
Dans l'p'tit bois par-là bas...un dimanche...à l'écart !...

TOUS LES AUTRES, *montrant auffi leur poing.*
Morguenne ? i me l' pairait....

LE CURÉ.

N'eft-il pas votre frère ?

Un homme comme vous ? ainfi point de colère.
Soyons doux....

TOUS LES SIX, *fe levant encore & faluant.*

Oui, Monfieu' l'Curé.

Le premier **PAYSAN.**

Mais c'eft q'fon *Gleub*, à lui, n'fart à rien qu'à mal faire ;
On s'difpute ; on s'en veut ; tout l'mond'vit féparé....

LE CURÉ.

Et c'eft précifément pour chaffer la difcorde
Que je vous ai mandés....

Le premier **PAYSAN.**

Vous touchez là-z-eun' corde

Ben fcabreufe....

LE CURÉ.

Eh ! pourquoi ? tout va bien jufqu'ici ;

J'ai consulté Thomas ; son cœur est radouci.....
Mon projet est enfin d'avoir un *club* aussi....

Le premier P A Y S A N.

Ça s'ra ben pis, ma foi !

L E C U R É.

Ici on commence à entrer chez Thomas.

        Point du tout ; mais... silence....
Voilà, je crois, celui du voisin qui commence....
Afin de bien juger du fruit de mes leçons,
Pendant quelques instans, sans rien dire, écoutons.

S C E N E X I I I.

LES ACTEURS PRÉCÉDENS, *dans le jardin du Cu-*
ré, tous debout, écoutant en silence; THOMAS,
entrant dans son jardin, à la tête d'une foule
de Paysans, hommes, femmes & enfans.

Nº. 27. Air : (d'une ronde Laonnoise.)

Le premier P A Y S A N & une V I E I L L E, *à l'oreille*
de Thomas, tout en marchant.

J'VOUS l'répétons, Monsieu'Thomas ;
C'est l'bruit qui court dans l'village,
Gnia z-un aut' *Club* ; mais i' n'faut pas
Q'su'l' not' il ait l'avantage......

    T H O M A S, *gravement, quoique trébuchant.* .
Asseyons-nous & discourons ;
       Examinons
       Queu'parti nous prendrons.

TOUS LES PAYSANS, *s'asseyant autour de la table.*
Asseyons-nous &, &c.

Le premier PAYSAN, *se levant & ôtant son chapeau.*

Second couplet.

Concitoyens, j'vous dénonçons
L'Curé comme aristocrate ;
Et j'dis com' ça q'dans nos cantons,
Faut q'tout l'mond' soit démocrate.

THOMAS, *son bonnet blanc à la main, & debout.*
Moi, j'dis com'ça q'gnia trop long-temps
Qu'on s'accoutume à dénoncer les gens.

TOUS LES PAYSANS, *se regardant avec surprise.*
Thomas se rasseoit.

D'une voix interdite.
I' dit com'ça q'gnia, &c.

Troisième couplet.

L A V I E I L L E, *se levant à son tour.*

Et moi, Messieux, sous vot' respect
Je vous d'mandons la parole ;
J'fais la motion q'tout hom' suspect
Vienne d'force à vot' école....

T H O M A S, *son bonnet à la main, & debout.*

Et moi, Messieux , j'fais la motion
De n'chagriner parsoun' su' l'opignion.

T O U S L E S P A Y S A N S, *stupéfaits.*

Quoi ? l'per' Thomas fait , &c.

L E C U R É, *bas, à ses six Paysans.*

Déjà , vous l'entendez , on devient plus humain....

Le premier **P A Y S A N**, *à Thomas.*

Vous et' donc ben changé ?

T H O M A S, *en riant.*

J'ons donné dans l'extrême ;
M'est avis qu'il est temps d'faire un r'tour sur soi - même ;
J'voulons mettre d'l'eau dans mon vin ;
Vaut mieux tard que jamais...

S C E N E XIV.

L E S A C T E U R S P R É C É D E N S ; NANETTE, *en vielleuse* ; NIGAUDINET, *en marchand de chansons.*

On entend dans le lointain un air de vielle , c'est-à-dire , le refrain de l'air qui suit.

T H O M A S, *étonné.*

QUoiq' c'est que c'te musique ?

L A V I E I L L E, *étonnée.*

C'est cheux Monsieu' l'Curé !..

N A N E T T E, *au Curé.*

Voulez-vous un p'tit air ?

L E C U R É, *gaîment.*

Volontiers.

Le premier **P A Y S A N**, *de chez Thomas.*

Écoutons... *Le club du voisin a les yeux en l'air.*

N A N E T T E.

Vous ne l'pairez pas cher.

L E C U R É.

N'importe ; la gaîté vaut bien la politique.

N A N E T T E, *imitant le langage des charlatans.*

Mon homme & moi, du d'puis deux ans
J'allons comm'ça dans les villages ;
Et par de jolis p'tits pass'temps
J'égayons tous les parsonnages.

NIGAUDINET, *avec emphase.*

All' dit vrai !...

NANETTE.

Gnia sur-tout les *clubs* que j'amusons,
En leux débitant des chansons....
Mais.... des chansons.... qu'ont été faites
Par des docteux & des prophêtes....

NIGAUDINET.

All' dit vrai !

LE CURÉ.

Je vous crois....

NANETTE.

Et j'ons-là mon mari
Qui voit la lune en plein midi.

NIGAUDINET.

All' dit vrai !

LA VIEILLE, *de chez Thomas.*
Sérieusement.

Ça n'est pas pour rire....

LE CURÉ.

De quelques-uns de vos secrets
Ne pourriez-vous pas nous instruire ?

NANETTE.

Volontiers.

LE CURÉ.

Chantez-nous d'abord quelques couplets.

NANETTE.

N°. 28. Air : (connu sur la vielle.)
Elle prélude par le refrain, & Nigaudinet, monté
sur un banc, prélude aussi avec le violon.

De la gaîté nous chérissons l'empire ;
D'un cœur honnête elle est le vrai soutien.
Tout bon François qui sait chanter & rire,
Ne pense point à cabaler pour.....

Fortement & en jouant de la vielle.

Tirelireli, tan tan.....   *3 fois.*
Et vous m'entendez bien.

Elle joue avec Nigaudinet le refrain pour ritour-
nelle, avec des contorsions analogues.

Second couplet.

Qu'un noir penseur mûrisse au fonds de l'ame
Un grand projet qui ne le mène à rien ;
Moi, j'aime à rire, & celui qui me blâme,
A mots couverts, je dis que je m'en....

TOUS DEUX, *en parties.*

Tirelireli, &c....

Troisième couplet.

Qu'en deux partis la France se divise ;
Pour les unir il est un bon moyen.
Rire & chanter, que ce soit leur devise ;
Quant aux boudeurs, laissons tous ces gens...
Tirelireli, &c.

LA VIEILLE, *du club de Thomas.*

Diante ! i' m' paraît qu'on s'amus' par-là bas....
Ça m'donne envi' d'danser ; ça m'rappel' mon jeune
âge....

Une petite **FILLE,** *à la vieille.*

Et moi, donc, ma mer'-grand' ! est c'que je m'dans'
rai pas ?

Le premier **PAYSAN,** *du club du Curé.*

A Nigaudinet.

Et c'te lorgnett' que v'là ? pour queul usage ?

NIGAUDINET, *du ton d'un opérateur.*

Avec c't instrument-là j' lisons dans l'firmament,
Et j'découvrons d'ben loin qu'est c'que d'viendra la
France...

Les six **PAYSANS,** *du Curé.*

Ah ! voyons, dit'nous ça....

NIGAUDINET.

Douc'ment, Messieux, douc'ment...
Diabl' ! ça fait un rud' prévoyance !

A Nanette.

Toi, pendant que j'chant'rai, tu distribueras ça ;
Messieux, j'les vends *gratis* à tout l'mond' qu'en voudra.

Il donne à Nanette les petits cahiers qui sont
dans sa gibecière.

L' premier qui saura l'air, avec moi l'répét'ra....

Le premier **PAYSAN,** *de chez Thomas.*

Ah ! dam' ; c'est pour tout d'bon ; la destiné d'la France !

LA VIEILLE.

Qui s'vend *gratis*, encore !...

Tous les **PAYSANS,** *du club de Thomas.*

Ah ! voyons ça....

Ils avancent la table contre le mur ; & jeunes,
vieux, se bousculant l'un l'autre, montent sur la

G

table ; les plus petits se guindent sur les plus grands, & ils regardent par-dessus le mur dans le jardin du Curé.....

THOMAS, restant seul assis à un bout de la table.
Eh ben ? me v'là tout seul au milieu d'ma séance !...
N'vous appuyez pas trop su' c'te muraille, au moins....
Il boit.
Alle est du temps passé ; moi, je n'perds pas la tête....
NANETTE, d'un ton prophétique.
Écoutez bien tretous ; j'vous pernons pour témoins
Q'Monsieu' mon hom' n'est pas-t-un' bête.
NIGAUDINET, monté sur le banc avec Nanette.
All' dit vrai !....

Avant chaque couplet, il lorgne le firmament ; & les Paysans suivent des yeux toutes ses contorsions. Plusieurs d'entr'eux prennent de petits cahiers que Nanette distribue ; ceux du haut du mur tendent la main pour en avoir aussi.
N°. 29. Air : (connu par les chanteurs des rues.)
Il prélude avec son violon.
> Séche tes larmes ;
> Et plus d'allarmes,
> Peuple François !

Il répète seul avec son violon.
> Le ciel m'éclaire ;
> Par lui j'espère
> En tes succès.

Idem , &c.

Il parle.
Ici Messieux , voici...... com' quoi gnia t'un moyen
D'ram'ner l'bonheur en France , & d'changer l'mal en
bien !

> *Second couplet.*
> Dans cet Empire ,
> Si l'on aspire
> Au bien commun.

Tout le peuple répète sur les petits cahiers, & Ni-gaudinet sur son violon.
> Q'on soit tous frères ;
> Partis contraires,
> N'en formez qu'un.

Idem , &c.
Il parle.
A présent, Messieux, voici comme.
L'bon Dieu veut qu'on soit honnête homme.

Troisième couplet.

Plus de licence ;
Fureur, vengeance,
Ne mène à rien.

Idem, &c.

Tout par justice,
Rien par caprice,
Voilà le bien.

Idem, &c.
A part.
Et ben ; j'dis, je n'm'en tir' pas mal.
Haut.
Quant à c'qui regarde c'village,
J'vous prédifons tout plein d'dommage,
Tant q'parmi vous gniaura du bacchanal.
Et, jufqu'à c'que tout l'mond' vive en paix com' des
frères,
Gniaura des mauvais vents......
TOUT LE MONDE, *confterné.*
Des mauvais vents! mon Dieu!
NIGAUDINET & NANETTE.
A l'octave l'un de l'autre.
Ah! mon Dieu, oui!
NIGAUDINET.
Des grêles; des tonnères,
Et des inondations......
TOUT LE MONDE, *confterné.*
Ah! diant'! voyez un peu!
NIGAUDINET & NANETTE.
Ah! mon Dieu, oui!
THOMAS, *buvant, & toujours affis.*
C'eft pas t'un jeu !......
Nº. 3o. Air : (la la, ho ho ho, ha ha ha ha.)
Le premier PAYSAN, *de chez Thomas, doucement.*
Mais......femble à voir que c'garçon-là
N'nous promet rien qui vaille......
LA VIEILLE, *trébuchant.*
Mais......j'crais q'nous n'fom' pas ben com' ça;
Et j'crains pour c'te muraille......
Gar', gar', gar', gar'; v'là qu'al s'en va!
Ici la muraille commence à pencher.
Le premier PAYSAN.
Qu'eft-c'qu'aurait cru c't accident-là ?
La muraille s'écroule......

Tous les **PAYSANS**.

La la !

Oh ! oh! oh! ah ! ah! ah ! ah......

THOMAS, *sans bouger.*

Eh ! ben ; t'nez , moi ; j'ons prédit ça.

La plupart des Paysans restent sur la table & s'éloignent du mur ; quelques-uns sautent avec le mur, comme s'ils tombaient par leur propre poids ; bientôt tout le reste franchit l'enceinte & l'on voit l'un assis, l'autre à genoux ; celui-ci se tenant la jambe, celui-là se frottant la tête, &c.

LE CURÉ.

Personne n'est blessé ?

LA VIEILLE, *faisant la révérence.*

Non, non ; tant au contraire ;

Monsieu' l'Curé !

Le premier **PAYSAN**, *de chez Thomas.*

Moi, je m'fis tant feul'ment

Apostrophé l'menton ; ça n's'ra rien....

LE CURÉ.

Je l'espère.....

Loin de me chagriner de cet événement ,

J'en rends graces au ciel !... Thomas, vivons ensemble ;

Ce mur nous séparoit.... le hasard l'a détruit ;

Ce petit malheur, ce me semble,

De vos vrais devoirs nous instruit.

Pour bannir de ces lieux à jamais la discorde,

Que ce jardin soit en commun ;

Et si votre projet avec le mien s'accorde ;

Nos ménages n'en feront qu'un.

THOMAS, *tendant la main au Curé.*

Morguen', Monsieu' l'Curé; je l'voulons d'tout' mon

ame ;

Touchez-là.

LE CURÉ, *aux Paysans.*

Mes amis; il s'en faut que je blâme

L'usage de ces *clubs* introduits parmi vous ;

Je sais qu'en s'assemblant on s'instruit, on s'éclaire ;

Qu'on peut même par-là serrer ces nœuds si doux

Par qui tout homme apprend à respecter son frère ; ....

Mais mon cœur fait le vœu que vous en soyez tous,

Qu'il n'existe entre vous ni rang, ni préférence ;

Qu'on y voue à l'humanité

Le respect le plus tendre ; aux loix, l'obéissance ;
Que par des jeux permis, au sein de la gaîté,
Des fatigues du jour sans gêne on s'y délasse ;
Que toujours dans son cœur on y garde une place
    Pour la douce fraternité.....
    Qu'enfin pour couronner l'ouvrage,
On n'en sorte jamais sans s'aimer davantage.
Parlez, un pareil *Club* vous convient-il à tous ?

THOMAS.

Moi, j'y tope.

Le premier **PAYSAN**, *du club de Thomas.*

Et pis moi.....

Le premier **PAYSAN**, *du club du Curé.*

C'est dit.

LA VIEILLE.

    Embrassons-nous....

On s'embrasse.

SCENE XV, *& dernière.*

LES ACTEURS PRÉCÉDENS, Dame BLAISE, ALAIN,
tenant ELISE *par la main.*

Dame **BLAISE**, *s'arrêtant interdite.*

(N°. 31. Air : *l'amitié vive & pure.*)

Ici chacun s'embrasse.
Quel est donc ce changement ?
Ma foi cela me passe....

LE CURÉ, *à Dame Blaise.*

Cela s'explique aisément ;
Vous savez qu'à la tempête
Succède enfin le beau temps....

Nous faisons ici la fête
La fête des bonnes gens. } *Bis.*

On répète le refrain.

THOMAS, *à Dame Blaise.*

Second couplet.

Allons, ma p'tit' voisine ;
Plus de dispute entre nous....

Dame **BLAISE**, *lui donnant la main.*

La haine nous chagrine ;
S'accorder est bien plus doux !...

ALAIN avec **ELISE**, *les pressant des deux côtés.*

Pour que l'œuvre soit complette,
Vous unirez vos enfans ?

THOMAS & Dame BLAISE, *les regardant ten-*
drement & leur joignant les mains.
Votre hymen fera la fête
La fête des bonnes-gens.

TOUT LE MONDE, *gaîment.*

Notre ⎞
Votre ⎬ Hymen fera, &c.
Leur ⎠

LE CURÉ.

Allons pour bien finir cette heureufe journée,
Il faut que par la danfe elle foit couronnée.
Nigaudinet, Nanette....
Nigaudinet & Nanette s'avançent.

Dame BLAISE.

Ils étoient déguifés....

THOMAS, *les reconnoiffant.*

Tiens ! qu'eft c'qu'auroit cru ça ?

LE CURÉ.

Pardonnez cette rufe....

THOMAS.

Tout c'qui ramen' la paix, n'a pas befoin d'excufe.

NIGAUDINET, *ôtant fa perruque.*

Nous v'là décharlatanifés !

LE CURÉ.

Savez-vous quelque ronde ?....

THOMAS.

Eh ben, moi ; j'en fais une....

NIGAUDINET.

C'eft bon ; moi, j'frai l'orches'....

LE CURÉ, *gaîment.*

Allons ; & fans rancune.

On forme plufieurs ronds.
Nigaudinet & Nanette montent fur un banc pour
accompagner.

RONDE.

N°. 32. Air : (du Coufin-Jacques.)

THOMAS (M. JULIET.)

Dans la paix & l'innocence
Lifon gardait, à vingt ans,
Cette parfaite ignorance
Que n'ont plus tous nos enfans.
Elle vit trois fois Léandre ;
Trois fois elle foupira....

Fort.

Maman voulut la réprendre ?....

Doux, en prenant la voix de fille.
,, Eh ! ma mère ! eft-c'que j'fais ça ?   *Bis.*

TOUT LE MONDE, *répète en danſant & contrefai-*
ſant auſſi la voix de fille.

    „ Eh! ma mère! eſt-c' que j'fais ça ?   **Bis.**

A chaque refrain, Thomas danſe & fait des mines
avec Dame Blaiſe.

Second couplet.

Son amant lui fit remettre
Un tendre & joli billet.
Liſon lut, relut ſa lettre,
Y répondit en ſecret.....
Maman toujours inflexible,
La ſurprit & s'emporta....
  „ Mais, ma fille! c'eſt horrible!
  „ Mais, ma mère eſt-ce que j'fais ça ?   **Bis.**

TOUT LE MONDE, *en danſant.*

   Mais, ma mère! eſt-c' que j'fais ça ?   **Bis.**

Troiſième couplet.

THOMAS.

Un beau ſoir Léandre arrive ;
Liſe étoit ſeule au logis ;
La pauvrette envain s'eſquive ,
Se ſouvenant des avis....
Il l'attrape & puis l'embraſſe ;....
Maman tout-à-coup rentra !....
  „ Oh! ma fille! quelle audace !....
---„ Eh! ma mère! eſt-ce que j'fais ça ?   **Bis.**

TOUT LE MONDE, *en danſant.*

---„ Eh! ma mère! eſt-ce que j'fais ça ?   **Bis.**

THOMAS.

Quatrième couplet. (1)

Pour une autrefois Léandre
Lui propoſe un rendez-vous.
Elle crut devoir s'y rendre,
Craignant un peu ſon couroux.
Il la trouva ſi novice
Que le dépit s'en mêla...
  „ Ah! ma Liſon! quel ſupplice!
---„ Ah! Léandre, eſt-c' que j'fais ça ?   **Bis.**

Cinquième couplet.

Après ſix fois ſix ſemaines,
Liſe éprouva certain mal ;
Elle ſent bien qu'à ſes peines
Rien ne fut encore égal.
Quand maman vit ſa détreſſe ,
Pleurante, elle s'écria :

---

(1) On ne chante au Théâtre que les trois premiers couplets de cette
ronde, quoiqu'à la rigueur on pût chanter le cinquième, qui n'eſt pas plus
fort que le couplet des deux *Savoyards.*
   „ Avant la fin de l'année
   „ Il ſurvint un accident....
cela ſuppléroit au *bis.* du public, qui redemande ſouvent la *ronde* en en-
tier. Quant au quatrième couplet, quoiqu'il ſoit le plus ſaillant & qu'il ait
été inſéré avec les autres dans l'*Almanach des Muſes* de 1790, il ſerait
déplacé ſur la ſcène.

« Ah ! mon Dieu ! quelle faibleſſe !
--- » Ma mère ! eſt-c' que j'ſavais ça ?　　　*Bis.*

T H O M A S, *après la ronde.*

V'là c'qui s'appelle chanter ! alle eſt drôle, c'tell'là ?...
Pas vrai ?

L E C U R É.

Fort bien ; *bravo* papa.

V A U D E V I L L E, de la fin.

Nº. 33. Air : nouveau (du Couſin-Jacques.)

L E C U R É (M. V A L L I È R E.)

Plus de débats & plus d'allarmes ;
Que notre bonheur ſoit commun.
Ah ! que la France aura de charmes ;
Quand tous les cœurs n'en feront qu'un !
Pour la haine & pour la vengeance
Des citoyens ne ſont pas faits ;
Pour rétablir l'intelligence
Embraſſons-nous, faiſons la paix !　　　*Bis.*

*On répète le refrain en choeur à chaque couplet, &
pianiſſimo.*

É L I S E. (Madame L E S A G E.)

Second couplet.

Rendons nos coeurs à la nature ;
Con citoyens ſoyons unis !
Eſt-il félicité plus pure
Que celle d'un peuple d'amis ?
L'étranger, dit-on, nous ménace :
Il perdra l'eſpoir du ſuccès
Quand les François de bonne grace
S'embraſſeront feront la paix ?　　　*Bis.*

A L A I N. (M. G A V A U X.)

Troiſième couplet.

Vivons déſormais tous en frères ;
N'affligeons plus notre bon Roi !
Sous les yeux du meilleur des pères,
Obéiſſons tous à la loi....
De bon coeur comme il va ſourire,
Quand il verra tous les François
En vrais amis, entr'eux ſe dire :
» Embraſſons-nous faiſons la paix !　　　*Bis.*

N I G A U D I N E T. (M. L E S A G E.)

Dernier couplet.

C'eſt mal-aiſé d'plaire à tout l'monde ;
Gnia ben long-temps q'l'auteur fait ça,
Meſſieux, couv'nez tous à la ronde
Q'gnia rien d'vrai dans c'te pièc'-là.
Mais ſi ſon eſpérance eſt vaine
Quant à l'eſprit qui fait l'ſuccès,
Pour qu'i' n'ait pas perdu ſa peine
Embraſſez-vous, faites la paix !　　　*Bis.*

F I N.

www.ingramcontent.com/pod-product-compliance
Lightning Source LLC
LaVergne TN
LVHW021815170726
843503LV00007B/3198